IA ÉTICA Y RESPONSABLE

Guía practica para Profesionales y Empresas

📖ÍNDICE

📦 Parte 3: Privacidad y Seguridad en Modelos de IA

🔐 Principales riesgos de privacidad

- Ataques adversariales y robo de datos en modelos de IA.
- Deepfakes y manipulación de información.

🛡 Estrategias para proteger la IA

- Introducción a differential privacy y federated learning.
- Checklist de seguridad en IA para empresas.

📦 Parte 4: IA y su Impacto en el Empleo

⬛ ¿La IA eliminará empleos?

- Datos reales sobre automatización y su impacto en el mercado laboral.
- ¿Qué trabajos corren más riesgo?

🚀 Cómo prepararse para el futuro

- Habilidades clave para trabajadores en la era de la IA.
- ¿Cómo deben adaptarse las empresas?

📦 Parte 5: Implementando IA Ética en Empresas

📜 Políticas de IA Responsable

- ¿Cómo escribir un código de ética para IA?
- Ejemplo de documento para empresas.

⬛ Herramientas para Evaluar Riesgos Éticos

- Frameworks y metodologías recomendadas.
- ¿Cómo aplicar estas herramientas sin frenar la innovación?

📦 Extras: Recursos Descargables y Casos Reales

⬛ Código en Python para auditar sesgos en modelos.

⬛ Plantilla de Política de IA Responsable para empresas.

⬛ Checklist para evaluar riesgos éticos en proyectos de IA.

Introducción

¿Por qué es importante la ética en IA?

La inteligencia artificial (IA) ha transformado industrias enteras, desde la salud hasta la banca y la seguridad. Sin embargo, a medida que esta tecnología avanza, surgen desafíos éticos cruciales. Un sistema de IA sin controles adecuados puede discriminar, violar la privacidad o incluso tomar decisiones dañinas sin que los humanos lo perciban de inmediato.

La ética en IA busca responder a preguntas como:
- ¿Cómo garantizamos que los algoritmos sean justos y no discriminen a ciertos grupos?
- ¿Cómo protegemos la privacidad cuando los sistemas de IA procesan datos sensibles?
- ¿Cómo aseguramos la transparencia en decisiones automatizadas?
- ¿Hasta qué punto la IA debería reemplazar el trabajo humano?

Si la IA no se desarrolla de manera ética, pueden surgir problemas legales, económicos y sociales que afecten tanto a individuos como a empresas y gobiernos.

Casos reales donde la IA ha causado problemas éticos

A lo largo de los años, ha habido numerosos incidentes en los que la IA ha causado daño debido a fallos en su diseño, sesgos en los datos o falta de supervisión. Veamos algunos de los casos más impactantes:

📌 **1. Discriminación en la contratación**

Una empresa tecnológica desarrolló un sistema de IA para automatizar la selección de personal.

Sin embargo, el modelo aprendió a favorecer a ciertos grupos y a descartar a otros injustamente. Esto ocurrió porque la IA fue entrenada con datos históricos, en los que predominaban ciertos perfiles, lo que hizo que el sistema reprodujera patrones de discriminación sin que sus creadores lo notaran al principio.

● Problema: Sesgo en los datos de entrenamiento.

■ Solución posible: Aplicar auditorías de sesgo antes de implementar IA en procesos críticos.

📌 2. Sesgo en sistemas de reconocimiento facial

Varios estudios han demostrado que los sistemas de reconocimiento facial tienen tasas de error más altas en personas de piel oscura y en mujeres en comparación con hombres de piel clara. En pruebas realizadas por investigadores, se encontró que algunas IA fallaban hasta un 35% de las veces al identificar a ciertos grupos, mientras que la tasa de error en otros casos era casi nula. Esto se debe a que los datos de entrenamiento no incluían suficiente diversidad, lo que provocó que la IA funcionara mejor con algunos perfiles que con otros.

● Problema: Datos de entrenamiento poco diversos.

■ Solución posible: Usar conjuntos de datos más inclusivos y realizar pruebas con diferentes grupos demográficos.

📌 3. Publicidad digital que discrimina

Se ha detectado que algunos sistemas de publicidad basados en IA pueden segmentar anuncios de manera que excluyen a ciertos grupos de personas, ya sea por su edad, género o ubicación. Esto ha llevado a situaciones en las que ciertas oportunidades, como ofertas de empleo o créditos financieros, no se muestran a todas las personas por igual, creando barreras invisibles en la economía digital.

● Problema: Uso de IA sin supervisión en decisiones sensibles.

■ Solución posible: Implementar regulaciones que limiten el uso de IA en publicidad dirigida.

📌 4. Un chatbot que se volvió ofensivo en pocas horas

Un chatbot de IA, diseñado para aprender del lenguaje humano en redes sociales, comenzó a generar comentarios ofensivos y discriminatorios en menos de un día. Esto ocurrió porque el sistema aprendía sin filtros, lo que permitió que los usuarios influyeran en su comportamiento de manera negativa.

● Problema: Falta de control sobre los datos de aprendizaje.

■ Solución posible: Implementar filtros y reglas en los sistemas de aprendizaje automático en tiempo real.

📌 Resumen de los problemas más comunes en la IA

Problema Ético	Ejemplo General	Posibles Soluciones
Sesgo en IA	Discriminación en contratación	Auditoría de sesgos, datos diversos
Reconocimiento facial poco preciso	Mayor tasa de error en ciertos grupos	Conjuntos de datos inclusivos
Publicidad discriminatoria	IA que excluye ciertos perfiles en anuncios	Regulaciones más estrictas
IA sin filtros	Chatbots que aprenden contenido ofensivo	Supervisión de modelos en producción

Estos casos muestran que la IA no es neutral; refleja los datos y decisiones con los que fue entrenada. Por eso, es fundamental establecer principios éticos desde el inicio de su desarrollo.

Objetivo del libro y cómo sacarle el máximo provecho
Este libro está diseñado para ayudarte a comprender los desafíos éticos de la IA y cómo solucionarlos de manera práctica.

📌 **¿Para quién es este libro?**
■ Desarrolladores y científicos de datos que quieren construir modelos justos y transparentes.
■ Empresas y tomadores de decisiones que necesitan implementar IA responsable sin riesgos legales.
■ Investigadores y estudiantes interesados en la ética de la inteligencia artificial.

📌 **¿Qué aprenderás?**
Cómo identificar y corregir sesgos en modelos de IA.
Qué leyes y regulaciones afectan el desarrollo de IA en diferentes países.
Cómo proteger la privacidad y seguridad en sistemas de aprendizaje automático.
Estrategias para que empresas usen IA sin comprometer la ética.

Con esta guía, no solo aprenderás sobre los problemas éticos de la IA, sino que también tendrás herramientas prácticas para construir inteligencia artificial más responsable.

Parte 1: Fundamentos de la IA Ética

La inteligencia artificial (IA) ha evolucionado rápidamente, transformando sectores como la salud, la educación y la economía. Sin embargo, su impacto no siempre es positivo. Para que la IA beneficie a la sociedad sin generar daños, es fundamental que sea ética y responsable.

En este capítulo exploraremos qué significa exactamente esto, las diferencias entre IA confiable, explicable y justa, y los riesgos de una IA que no esté debidamente regulada.

■ ¿Qué significa que una IA sea ética y responsable?

Cuando hablamos de IA ética, nos referimos a un sistema que toma decisiones respetando valores humanos fundamentales, como la equidad, la transparencia y la privacidad. Una IA responsable, por otro lado, es aquella que tiene mecanismos de control que garantizan que funcione correctamente y minimice daños.

Para que una IA sea ética y responsable, debe cumplir con los siguientes principios clave:

- **Transparencia**: La IA debe ser comprensible para los humanos.
  - Ejemplo: Un banco explica por qué un cliente no obtuvo un crédito.
- **Justicia y equidad**: No debe discriminar a personas por género, raza u otra condición.
  - Ejemplo: Un sistema de selección de personal revisa que no favorezca a un grupo sobre otro.

- **Privacidad**: Debe proteger los datos personales de los usuarios.
  - Ejemplo: Un asistente virtual elimina registros de voz después de su uso.
- **Responsabilidad**: Debe haber humanos supervisando su uso y corrigiendo errores.
  - Ejemplo: Un hospital revisa los diagnósticos de IA antes de aplicarlos a pacientes.
- **Seguridad**: Debe evitar usos malintencionados o peligrosos.
  - Ejemplo: Un software de IA en ciberseguridad detecta ataques sin comprometer datos sensibles.

Cuando una IA no sigue estos principios, pueden ocurrir problemas como discriminación, invasión de la privacidad o decisiones automatizadas que perjudican a ciertas personas.

🔍 Diferencia entre IA confiable, explicable y justa

Para que una IA sea ética, debe cumplir con ciertas características que garanticen su correcto funcionamiento y su impacto positivo en la sociedad.

◼ IA Confiable

Una IA confiable es aquella que funciona de manera predecible y segura. Para ello, debe ser:

◼ Precisa: Sus resultados deben ser consistentes.

◼ Robusta: Debe resistir fallos o intentos de manipulación.

◼ Supervisada: Debe haber humanos en el proceso de toma de decisiones.

◆ Ejemplo: Un coche autónomo debe poder circular sin accidentes y responder correctamente a señales de tráfico en cualquier circunstancia.

◼ IA Explicable

Una IA explicable es aquella cuyas decisiones pueden ser entendidas por humanos. Muchas veces, los modelos de IA son una "caja negra" cuyos procesos internos no son claros ni para sus propios creadores.

Para que una IA sea explicable, debe:

◼ Proporcionar razones de sus decisiones.

◼ Permitir auditorías para verificar su funcionamiento.

◼ Usar modelos que sean interpretables (cuando sea posible).

◆ Ejemplo: Si una IA rechaza un préstamo bancario, debería explicar qué factores influyeron en la decisión, en lugar de simplemente dar un "sí" o un "no".

◼ IA Justa

Una IA justa es aquella que no discrimina y trata a todos los usuarios de manera equitativa. Sin embargo, la justicia en IA es un desafío porque el concepto de "justicia" puede variar según el contexto.

Existen diferentes tipos de justicia en IA:

Tipo de Justicia	Descripción	Ejemplo
Justicia Demográfica	La IA trata a todos los grupos por igual, sin importar género, etnia o edad.	Un algoritmo de admisión universitaria no favorece a un grupo en particular.
Justicia de Igualdad de Oportunidades	Se asegura de que todos tengan la misma oportunidad de obtener un resultado positivo.	Un sistema de selección de empleados revisa que todos los candidatos tengan las mismas posibilidades.
Justicia de Necesidad	Da más recursos a quienes más los necesitan.	Un modelo de asistencia médica prioriza a pacientes en estado crítico.

◆ Ejemplo: Un sistema de IA usado en justicia penal no debería dar sentencias más duras a ciertas etnias debido a datos históricos sesgados.

● Impacto social y económico de la IA no regulada

El rápido avance de la IA ha traído grandes beneficios, pero también riesgos si no se implementa con regulaciones adecuadas.

■ Impacto en el empleo

- La automatización impulsada por IA ha llevado a la eliminación de ciertos trabajos tradicionales, especialmente en fábricas, atención al cliente y logística.
- Sin regulaciones adecuadas, millones de personas podrían quedar desempleadas sin planes de reinserción laboral.
- ◆ Ejemplo: Sistemas de IA que reemplazan a operadores telefónicos en centros de atención al cliente han dejado sin empleo a miles de personas en los últimos años.

⚖ Desigualdad social

- Si la IA se desarrolla sin criterios de equidad, puede aumentar la brecha económica entre países y entre diferentes sectores de la población.
- Empresas con acceso a grandes cantidades de datos pueden beneficiarse mucho más que pequeños negocios o países en desarrollo.
- ◆ Ejemplo: Los algoritmos de publicidad digital suelen favorecer a grandes empresas con más datos sobre sus clientes, dejando en desventaja a pequeños negocios.

🔒 Privacidad y control de datos

- Muchas IA dependen del análisis masivo de datos personales, lo que puede dar lugar a violaciones de privacidad.
- Sin regulaciones claras, las empresas pueden recopilar y usar datos sin el consentimiento de los usuarios.
- ◆ Ejemplo: Aplicaciones que analizan rostros pueden recopilar datos biométricos sin que los usuarios lo sepan.

⬤ Falta de responsabilidad en las decisiones de IA

- Sin supervisión humana, las decisiones de la IA pueden ser erróneas o injustas.
- Si una IA causa daño (por ejemplo, un coche autónomo que tiene un accidente), ¿quién es el responsable?
- ◆ Ejemplo: Un sistema de IA en hospitales podría rechazar pacientes con base en un algoritmo defectuoso, sin que nadie supervise los errores.

🔍 Conclusión

Para que la IA sea ética y responsable, debe ser confiable, explicable y justa. Si no se regulan correctamente, los sistemas de IA pueden generar desigualdad, desempleo y problemas de privacidad.

En el siguiente capítulo exploraremos las leyes y regulaciones actuales que buscan controlar estos riesgos. ¡Sigamos adelante!

⚖️ Regulaciones y Leyes Actuales en IA

A medida que la inteligencia artificial avanza, los gobiernos han comenzado a establecer normativas para regular su uso y proteger a las personas de posibles riesgos como el sesgo algorítmico, la invasión de la privacidad y la falta de transparencia.

En esta sección, exploraremos las principales regulaciones existentes, cómo afectan a las empresas y qué tendencias están surgiendo en distintas partes del mundo.

📕 GDPR, CCPA y otras normativas de privacidad

La privacidad de los datos es uno de los principales desafíos de la IA. Los sistemas de inteligencia artificial dependen del análisis masivo de información personal, lo que ha llevado a la creación de normativas que regulan la recolección, almacenamiento y uso de estos datos.

Aquí veremos dos de las leyes más importantes a nivel mundial:

GDPR (Reglamento General de Protección de Datos) – Europa

El GDPR (General Data Protection Regulation) es una de las regulaciones de privacidad más estrictas del mundo. Se aplica en la Unión Europea y protege los datos personales de los ciudadanos.

📌 Principales puntos del GDPR:
- Consentimiento explícito: Las empresas deben obtener permiso claro antes de recopilar datos.

- Derecho al olvido: Cualquier persona puede solicitar que se eliminen sus datos.
- Transparencia: Las empresas deben informar cómo usan los datos.
- Multas severas: Las empresas que incumplen pueden recibir sanciones de hasta 20 millones de euros o el 4% de su facturación anual global.

◆ Ejemplo: Si una empresa de IA usa datos de usuarios europeos sin su consentimiento, podría recibir una multa bajo el GDPR.

CCPA (Ley de Privacidad del Consumidor de California) – EE.UU.

La California Consumer Privacy Act (CCPA) protege a los residentes de California y es la regulación de privacidad más fuerte en Estados Unidos.

📌 Principales puntos del CCPA:
- Derecho a saber: Los usuarios pueden solicitar información sobre qué datos se han recopilado sobre ellos.
- Derecho a eliminar: Pueden pedir que sus datos sean eliminados.
- Derecho a rechazar la venta de datos: Las empresas deben permitir a los usuarios optar por no compartir su información con terceros.

◆ Ejemplo: Un usuario de California puede pedir a una empresa de IA que elimine su historial de interacciones con su plataforma.

● Legislaciones emergentes en Europa, EE.UU., Asia y Latinoamérica

Además del GDPR y la CCPA, otros países están avanzando en regulaciones para la IA y la privacidad de datos.

■ Europa: Ley de IA de la Unión Europea

En 2021, la UE propuso la Ley de Inteligencia Artificial (Artificial Intelligence Act), que busca clasificar los sistemas de IA según su nivel de riesgo:

- Alto riesgo: IA en áreas como salud, justicia o empleo, que debe cumplir estrictas regulaciones.
- Riesgo inaceptable: Tecnologías como la identificación facial en tiempo real en espacios públicos podrían prohibirse.

◆ Ejemplo: Un software de reconocimiento facial en aeropuertos europeos tendría que cumplir con estrictas normas de privacidad.

■ Estados Unidos: Propuestas en IA

Aunque EE.UU. no tiene una ley federal única sobre IA, existen regulaciones estatales y propuestas federales, como:

- La Ley de Responsabilidad Algorítmica (Algorithmic Accountability Act), que obligaría a empresas a auditar sus IA en busca de sesgos.
- Regulaciones en sectores específicos, como IA en salud y finanzas.

◆ Ejemplo: Un banco que use IA para aprobar préstamos podría ser auditado para evitar discriminación.

■ Asia: Regulaciones en China y otros países

China ha establecido regulaciones muy estrictas para el uso de IA, especialmente en:

- Moderación de contenido: Las IA que generan contenido deben evitar desinformación.

- Reconocimiento facial: Limitaciones en su uso para proteger la privacidad de los ciudadanos.
- Regulación de algoritmos: Empresas como redes sociales deben ser transparentes sobre cómo funcionan sus algoritmos.

◆ Ejemplo: Un sistema de IA en redes sociales en China debe informar a los usuarios por qué les recomienda cierto contenido.

Otros países asiáticos, como Japón y Corea del Sur, han desarrollado regulaciones más flexibles, enfocadas en fomentar la innovación mientras se protegen los derechos de los ciudadanos.

⬤ Latinoamérica: Primeros pasos en regulación de IA

Latinoamérica aún está en etapas iniciales en regulación de IA, pero algunos países han tomado medidas:

- Brasil: Marco Legal de la IA, que busca regular su uso en distintos sectores.
- México: Propuestas de ley para la protección de datos en sistemas de IA.
- Argentina y Chile: Discusión sobre ética y responsabilidad en IA.

◆ Ejemplo: En Brasil, una empresa que use IA para analizar datos de clientes debe cumplir con reglas de transparencia.

💼 ¿Cómo afectan las regulaciones a las empresas?

Las normativas de IA no solo protegen a los ciudadanos, sino que también impactan a las empresas, obligándolas a adaptar sus sistemas y modelos de negocio.

📌 1. Aumento de costos y burocracia

Las empresas deben invertir en auditorías, cumplimiento normativo y en adaptar sus sistemas para cumplir con las leyes.

◆ Ejemplo: Una empresa que usa IA en análisis de datos debe asegurarse de que su sistema cumple con el GDPR, lo que puede requerir cambios técnicos costosos.

📌 2. Mayores exigencias de transparencia

Las regulaciones obligan a las empresas a hacer que sus algoritmos sean más comprensibles y auditables.

◆ Ejemplo: Una IA que toma decisiones sobre seguros debe explicar por qué aprueba o rechaza una póliza.

📌 3. Restricciones en el uso de IA

Algunas leyes prohíben ciertos usos de la IA, limitando su aplicación en ciertos sectores.

◆ Ejemplo: Empresas que desarrollan IA de reconocimiento facial podrían enfrentarse a prohibiciones en algunos países.

📌 4. Nuevas oportunidades para empresas responsables

Las empresas que cumplan con estas regulaciones pueden ganar la confianza del público y diferenciarse de la competencia.

◆ Ejemplo: Un proveedor de IA que garantice transparencia y equidad podría atraer más clientes que buscan evitar riesgos legales.

🔍 **Conclusión**

Las regulaciones de IA están evolucionando rápidamente en todo el mundo. Cumplir con estas leyes no solo es una obligación legal, sino que también es una oportunidad para que las empresas construyan sistemas más justos, seguros y confiables.

📖 Parte 2: Sesgos en Modelos de IA y Cómo Corregirlos

La inteligencia artificial no es neutral. Sus modelos aprenden a partir de datos históricos, lo que puede generar sesgos y reproducir injusticias del mundo real. Desde sistemas de contratación hasta algoritmos bancarios y judiciales, el sesgo en IA es un problema que puede afectar a millones de personas.

En esta sección, exploraremos:
■ Cómo surgen los sesgos en IA.
■ Tipos de sesgos: en datos, algoritmos e interpretación.
■ Casos reales donde la IA ha discriminado involuntariamente.

🔍 ¿Cómo surgen los sesgos en IA?

Un sistema de IA toma decisiones en base a datos, pero si estos datos contienen errores, desigualdades o patrones discriminatorios, la IA terminará aprendiendo y amplificando estos problemas.

El sesgo en IA puede surgir en diferentes etapas:
■ Sesgo en los Datos

Los datos con los que se entrena la IA pueden estar incompletos, mal representados o reflejar desigualdades históricas.

📌 Ejemplo:
- Un modelo de reconocimiento facial entrenado principalmente con rostros de personas blancas tendrá menor precisión al identificar personas de otras etnias.

- Un sistema de contratación basado en datos históricos podría favorecer hombres sobre mujeres si en el pasado se contrataron más hombres en la empresa.

■ Sesgo en los Algoritmos

Incluso si los datos son correctos, el modo en que el algoritmo los procesa puede generar discriminación.

📌 Ejemplo:

- Un modelo de crédito que asigna más peso a ciertos factores socioeconómicos podría rechazar sistemáticamente a ciertos grupos de la población.
- Un sistema de predicción de delitos que se entrena con datos de arrestos en ciertas zonas podría terminar asociando injustamente esas áreas con criminalidad.

■ Sesgo en la Interpretación

Los humanos que interpretan los resultados de una IA pueden malentenderlos o usarlos de manera errónea.

📌 Ejemplo:

- Si un sistema sugiere que una persona tiene mayor riesgo de cometer fraude, pero no explica por qué, una empresa podría tomar decisiones injustas sin revisar si el dato es correcto.
- Un software de selección de personal que prioriza ciertos términos en los currículums podría excluir candidatos válidos solo porque usan palabras distintas.

🔔 Ejemplos Reales de Sesgos en IA

📌 1. Sesgo en IA de Contratación

Un sistema de inteligencia artificial diseñado para evaluar currículums discriminaba a favor de los hombres.

◆ ¿Qué ocurrió?

El modelo se entrenó con datos de contrataciones previas, donde la mayoría de los empleados eran hombres.

Como resultado, la IA asignaba menor puntaje a currículums con palabras asociadas a mujeres, como "liderazgo en grupos femeninos".

◆ Impacto:

Las mujeres tenían menos probabilidades de ser seleccionadas, perpetuando la desigualdad de género en el empleo.

◆ Solución:

Los desarrolladores eliminaron los términos de género en la evaluación y aplicaron técnicas para equilibrar los datos.

📌 2. Sesgo en IA Bancaria

Un modelo de IA que evaluaba solicitudes de crédito otorgaba mejores calificaciones a ciertos grupos demográficos.

◆ ¿Qué ocurrió?

El algoritmo se entrenó con datos históricos de préstamos, donde ciertos grupos recibieron más aprobaciones que otros. Sin supervisión, la IA replicó esas tendencias, rechazando solicitudes de ciertos sectores de la población.

◆ Impacto:

Personas con perfiles financieros similares recibían decisiones diferentes solo por su ubicación, género o historial socioeconómico.

◆ Solución:

El banco realizó auditorías para corregir el sesgo en la toma de decisiones y garantizó criterios de evaluación más justos.

📌 3. Sesgo en IA de Justicia

Un software utilizado en el sistema judicial para predecir el riesgo de reincidencia mostró mayor severidad con personas de ciertos grupos raciales.

◆ ¿Qué ocurrió?

El sistema se entrenó con datos de antecedentes penales, donde ciertos grupos habían sido sobrerepresentados en los registros policiales debido a políticas históricas de vigilancia.

◆ Impacto:

Las personas de estos grupos recibían predicciones más altas de reincidencia, lo que podía influir en decisiones judiciales y sentencias más severas.

◆ Solución:

Los expertos propusieron métodos de auditoría y ajustes en el modelo para eliminar correlaciones injustas.

📌 **Conclusión**

Los sesgos en IA pueden tener consecuencias graves en la vida de las personas. Identificarlos y corregirlos es fundamental para desarrollar sistemas de IA éticos y responsables.

En la siguiente sección, exploraremos estrategias para reducir los sesgos y crear modelos más justos.

🛠 Herramientas para Auditar y Corregir Sesgos en IA

Una vez que hemos identificado que los modelos de IA pueden presentar sesgos, el siguiente paso es detectarlos y corregirlos. Existen varias herramientas que permiten auditar modelos de IA para garantizar que sean más justos y equitativos.

En esta sección, exploraremos:

■ Herramientas clave para auditar sesgos en IA.

■ Cómo funcionan y en qué casos se usan.

■ Ejemplo práctico en Python: detección de sesgos en un modelo real.

🔍 ¿Por qué auditar los modelos de IA?

Los modelos de inteligencia artificial pueden tomar decisiones importantes en contratación, salud, banca y justicia, por lo que es crucial asegurarse de que sean justos.

Una auditoría de IA permite:
- 📌 Detectar patrones de discriminación.
- 📌 Evaluar el impacto de las decisiones algorítmicas en distintos grupos.
- 📌 Aplicar técnicas de corrección para minimizar sesgos.

Existen herramientas especializadas en auditoría de IA, entre las más usadas están:

◆ 1. Fairlearn (Microsoft)

📌 ¿Qué es?

Fairlearn es una biblioteca de Python desarrollada por Microsoft que permite evaluar y mitigar sesgos en modelos de Machine Learning.

📌 ¿Para qué se usa?

- Detecta disparidades en las predicciones de IA según atributos sensibles (género, raza, edad).
- Proporciona métricas de equidad para entender si un modelo trata de manera diferente a ciertos grupos.
- Ofrece métodos para reentrenar modelos con menor sesgo.

📌 Ejemplo de uso:

Si un modelo de contratación rechaza más candidatas mujeres, Fairlearn puede ayudar a detectar y corregir este sesgo.

📌 Enlace: https://fairlearn.org

◆ 2. AI Fairness 360 (IBM)

📌 ¿Qué es?

AI Fairness 360 (AIF360) es un conjunto de herramientas de código abierto de IBM que permite evaluar y mitigar sesgos en IA.

📌 ¿Para qué se usa?

- Analiza si un modelo de IA es justo para distintos grupos de personas.
- Proporciona técnicas avanzadas de mitigación de sesgos, como reescalado de datos y ajuste de algoritmos.
- Genera reportes de equidad que explican cómo afecta la IA a distintos usuarios.

📌 Ejemplo de uso:

Si un modelo de crédito rechaza sistemáticamente solicitudes de ciertos barrios, AIF360 puede ayudar a corregir este problema.

📌 Enlace: https://aif360.mybluemix.net

◆ 3. SHAP (SHapley Additive Explanations)

📌 ¿Qué es?

SHAP es una biblioteca que permite interpretar las predicciones de modelos de IA, ayudando a entender qué factores influyen en una decisión algorítmica.

📌 ¿Para qué se usa?

- Explica por qué un modelo tomó una decisión específica.
- Identifica qué variables están generando posibles sesgos.
- Muestra visualmente la importancia de cada característica en la predicción.

📌 Ejemplo de uso:

Si un sistema de préstamos rechaza un crédito, SHAP puede explicar si la decisión se basó en factores injustos como el código postal o el género.

📌 Enlace: 🔍 ¿Por qué auditar los modelos de IA?

🖥️ Mini-Tutorial en Python: Detectando Sesgos en un Modelo

A continuación, realizaremos un pequeño análisis de sesgos en un modelo de Machine Learning utilizando Fairlearn.

📌 Objetivo:
Detectaremos si un modelo de IA para aprobar préstamos discrimina a un grupo en función del género.

🖥️🖥️ Preparando el Entorno de Trabajo

Antes de ejecutar código en Python, necesitamos asegurarnos de que el entorno esté correctamente configurado.

📌 Instalación de Python
Si no tienes Python instalado, descárgalo desde 👉 https://www.python.org/downloads/
Para verificar si ya lo tienes instalado, abre la terminal y escribe:

```bash

python --version
```

Si ves Python 3.x.x, ya lo tienes listo.

📌 Instalación de un Editor de Código (Opcional, pero Recomendado)
Puedes usar VS Code (descargar aquí) o Jupyter Notebook para escribir y ejecutar el código.

Si prefieres Jupyter, instálalo con:

```bash
pip install jupyter
```

Y ejecútalo con:

```bash
jupyter notebook
```

📌 Creación de un Entorno Virtual (Opcional, pero Recomendado)

Para evitar conflictos con bibliotecas, es recomendable usar un entorno virtual:

```bash
python -m venv mi_entorno
```

Luego, actívalo:

- En Windows:

```bash
mi_entorno\Scripts\activate
```

- En Mac/Linux:

```bash
source mi_entorno/bin/activate
```

🪓⬛ Instalamos las Bibliotecas Necesarias

Con el entorno listo, instalamos las herramientas que usaremos en este tutorial.

Ejecuta en tu terminal:

```bash

pip install fairlearn scikit-learn pandas numpy matplotlib
```

📌 ¿Qué hace cada biblioteca?
- fairlearn: Evalúa y mitiga sesgos en IA.
- scikit-learn: Permite entrenar modelos de Machine Learning.
- pandas: Maneja datos en formato de tabla.
- numpy: Realiza cálculos numéricos.
- matplotlib: Genera gráficos y visualizaciones.

⬛⬛ Cargamos los Datos

Usaremos un dataset ficticio de préstamos con las siguientes variables:
- ingresos: Nivel de ingresos del solicitante.
- puntaje_crediticio: Historial financiero del solicitante.
- genero: 1 = Hombre, 0 = Mujer.
- aprobado: 1 = Préstamo aprobado, 0 = Préstamo rechazado.

```python

import pandas as pd
import numpy as np
from sklearn.model_selection import train_test_split
from sklearn.ensemble import RandomForestClassifier
from fairlearn.metrics import MetricFrame
from fairlearn.metrics import selection_rate
import matplotlib.pyplot as plt
```

```python
# Creamos un dataset ficticio
data = pd.DataFrame({
    'ingresos': np.random.randint(20000, 100000, 1000),
    'puntaje_crediticio': np.random.randint(300, 850, 1000),
    'genero': np.random.choice([0, 1], size=1000),
    # 0 = Mujer, 1 = Hombre
    'aprobado': np.random.choice([0, 1], size=1000)
    # 1 = Aprobado, 0 = Rechazado
})

# Separar características y etiquetas
X = data[
    ['ingresos', 'puntaje_crediticio', 'genero']
]
y = data['aprobado']

# Dividir en entrenamiento y prueba
X_train, X_test, y_train, y_test = train_test_split(
    X, y, test_size=0.2, random_state=42
)

# Entrenamos un modelo de Random Forest
model = RandomForestClassifier()
model.fit(X_train, y_train)

# Realizamos predicciones
y_pred = model.predict(X_test)
```

⚖️ ■ Evaluamos si hay Sesgo por Género

Ahora analizamos si el modelo trata de manera distinta a hombres y mujeres.

```python
# Evaluamos la tasa de aprobación para cada grupo
metric_frame = MetricFrame(
    metrics=selection_rate,
    y_true=y_test,
    y_pred=y_pred,
    sensitive_features=X_test['genero']
)


# Mostramos los resultados
print(metric_frame.by_group)
```

Si el resultado muestra que un grupo tiene una tasa de aprobación mucho menor que otro, significa que el modelo tiene sesgo en la predicción de préstamos.

■ ■ Visualizamos los Resultados

Para entender mejor las diferencias, graficamos la tasa de aprobación para cada grupo.

```python
metric_frame.by_group.plot(kind="bar", color=['blue', 'orange'])
plt.title("Tasa de Aprobación por Género")
plt.xlabel("Género (0 = Mujer, 1 = Hombre)")
plt.ylabel("Porcentaje de Préstamos Aprobados")
plt.show()
```

📌 Si el gráfico muestra diferencias significativas entre géneros, debemos corregir el sesgo antes de usar el modelo en un entorno real.

📌 Conclusión

◆ Herramientas como Fairlearn, AI Fairness 360 y SHAP permiten detectar y corregir sesgos en IA.

◆ Es fundamental evaluar cómo los modelos afectan a distintos grupos antes de implementarlos en aplicaciones reales.

◆ Con una auditoría adecuada, podemos desarrollar IA más ética y responsable.

📖 Parte 3: Privacidad y Seguridad en Modelos de IA

La inteligencia artificial ha revolucionado nuestra sociedad, pero también ha introducido desafíos significativos en cuanto a privacidad y seguridad. Cada vez más empresas y gobiernos utilizan modelos de IA para tomar decisiones que afectan la vida de millones de personas. Desde sistemas de reconocimiento facial hasta asistentes virtuales, la IA recopila y procesa enormes cantidades de datos personales.

Sin embargo, esto conlleva riesgos importantes. ¿Cómo podemos asegurarnos de que nuestros datos no sean mal utilizados? ¿Cómo protegemos los modelos de IA de ataques que los manipulen o roben información? En esta sección, exploraremos estos problemas y las estrategias para mitigarlos.

🔐 Principales Riesgos de Privacidad

La privacidad es uno de los temas más sensibles cuando hablamos de IA. Muchas aplicaciones dependen de grandes volúmenes de información personal para mejorar su desempeño, pero esto plantea preguntas éticas y legales.
A continuación, analizaremos algunos de los riesgos más comunes relacionados con la privacidad en IA y cómo pueden abordarse.

⬛ Recolección Masiva de Datos

Uno de los problemas más grandes en IA es la excesiva recopilación de datos. Muchas empresas recolectan información sin que los usuarios sean plenamente conscientes de ello.

Por ejemplo, los asistentes virtuales activados por voz pueden escuchar y almacenar fragmentos de conversación para mejorar su funcionamiento. Sin embargo, si esta información no se maneja correctamente, puede filtrarse o usarse con fines distintos a los que el usuario autorizó.

🔍 Ejemplo real:
Se ha demostrado que algunos dispositivos inteligentes han grabado conversaciones privadas y las han almacenado sin consentimiento explícito. En ciertos casos, empleados de las compañías revisan estos audios para mejorar el software, lo que plantea preocupaciones sobre la privacidad del usuario.

◼ Soluciones posibles:
- Implementar privacidad diferencial, una técnica matemática que permite anonimizar datos antes de usarlos en modelos de IA.
- Limitar la cantidad de información que un sistema de IA almacena y establecer tiempos de eliminación automática de datos.
- Hacer que los términos de privacidad sean claros y fáciles de entender para los usuarios.

◼ **Filtración de Datos Sensibles**
Un modelo de IA mal diseñado puede memorizar y almacenar información sensible sin que sus desarrolladores lo noten. Esto puede llevar a que datos personales se filtren, incluso de manera involuntaria.

🔍 Ejemplo:
Imagina que un chatbot médico ha sido entrenado con datos de pacientes. Si un usuario le hace preguntas muy específicas, el chatbot podría revelar información privada sobre personas reales sin darse cuenta.

■ Soluciones posibles:

- Aplicar anonimización de datos, eliminando cualquier vínculo entre la información y la identidad del usuario.
- Utilizar encriptación homomórfica, que permite procesar datos sin descifrarlos.

■ **Ataques de Inferencia de Datos**

Este tipo de ataque ocurre cuando un hacker interactúa con un modelo de IA y, a través de preguntas estratégicas, deduce información sobre los datos con los que fue entrenado.

🔍 Ejemplo:

Un atacante podría hacer muchas consultas a un modelo de recomendaciones de películas y, con suficientes respuestas, reconstruir el historial de visualización de una persona sin su permiso.

■ Soluciones posibles:

- Implementar differential privacy, una técnica que añade ruido aleatorio a los datos para que los atacantes no puedan extraer información útil.
- Limitar la cantidad de veces que un usuario puede consultar un modelo en un periodo de tiempo determinado.

🦋 Ataques Adversariales y Robo de Datos en Modelos de IA

Los modelos de IA también pueden ser blanco de ataques diseñados para engañarlos o extraer información confidencial.

■ Ataques Adversariales

Un ataque adversarial consiste en manipular datos de entrada de manera que el modelo de IA los interprete incorrectamente.

🔍 Ejemplo:

Imagina un sistema de reconocimiento facial que verifica identidades en un aeropuerto. Un atacante puede modificar una imagen de manera imperceptible para engañar al sistema y pasar como otra persona.

■ Soluciones posibles:

- Entrenamiento adversarial: Exponer al modelo a ejemplos manipulados para que aprenda a resistirlos.
- Detección de anomalías: Implementar sistemas que detecten imágenes o datos sospechosos antes de procesarlos.

■ Robo de Modelos de IA (Model Stealing)

Los modelos de IA son costosos de desarrollar y entrenar. Sin embargo, los atacantes pueden hacer muchas consultas a un modelo comercial y replicarlo con suficiente precisión.

🔍 Ejemplo:

Una empresa rival podría extraer el comportamiento de un modelo de IA de otra empresa, recreando un sistema similar sin haber invertido en investigación y desarrollo.

■ Soluciones posibles:

- Limitar el acceso a modelos comerciales, restringiendo las consultas a ciertos usuarios o condiciones.
- Monitorizar patrones de uso sospechosos, como accesos masivos o consultas repetitivas desde la misma dirección IP.

🪻 Deepfakes y Manipulación de Información

Los avances en IA han permitido la creación de contenido sintético extremadamente realista. Una de las aplicaciones más preocupantes son los deepfakes, que pueden usarse para manipular información y engañar a las personas.

■ ¿Qué son los Deepfakes?

Los deepfakes son vídeos, audios o imágenes generados por IA que falsifican la identidad de una persona. Estas tecnologías han sido usadas con fines artísticos y de entretenimiento, pero también para desinformación, fraude y suplantación de identidad.

🔍 Ejemplo:

Un video falso en el que un político dice algo que nunca dijo, generando desconfianza o incluso afectando procesos electorales.

■ Soluciones posibles:

- Desarrollar modelos de detección de deepfakes que analicen inconsistencias en los videos generados por IA.
- Implementar firmas digitales en contenido legítimo para verificar su autenticidad.

📌 Reflexión Final

La inteligencia artificial ha traído grandes beneficios a la sociedad, pero también ha generado riesgos importantes en términos de privacidad y seguridad. Proteger la información personal y evitar el uso malintencionado de modelos de IA no es solo una cuestión técnica, sino también ética y legal.

Para construir una IA realmente confiable, las empresas y desarrolladores deben adoptar buenas prácticas de privacidad y seguridad desde el diseño de sus modelos.

🛡 Estrategias para proteger la IA

A medida que la inteligencia artificial avanza, también lo hacen los riesgos asociados con su implementación. Desde la filtración de datos personales hasta ataques que buscan manipular modelos, es fundamental desarrollar estrategias para proteger la IA en entornos reales.

En esta sección, exploraremos dos de las estrategias más avanzadas para mejorar la privacidad en IA: differential privacy y federated learning. Luego, presentaremos una checklist de seguridad para empresas, con buenas prácticas para garantizar un uso seguro y responsable de la IA.

📌 Differential Privacy: Privacidad a Nivel de Datos

🔍 ¿Qué es la privacidad diferencial?

La privacidad diferencial (differential privacy) es una técnica matemática que permite analizar grandes volúmenes de datos sin exponer información individual. Se basa en la idea de agregar ruido aleatorio a los datos antes de procesarlos, de modo que sea imposible identificar a una persona específica dentro del conjunto.

◆ Ejemplo sencillo:

Imagina que una empresa quiere calcular el salario promedio de sus empleados sin revelar cuánto gana cada uno. Con privacidad diferencial, se puede agregar un pequeño margen de error a cada dato antes de hacer el cálculo. Así, la empresa obtiene un resultado útil sin comprometer la privacidad de ningún empleado.

🔧 ¿Cómo se implementa?

La privacidad diferencial se puede aplicar de varias maneras en los modelos de IA:

◼ **Añadir ruido a los datos de entrenamiento:** Se introduce una pequeña variación en cada dato antes de alimentar el modelo.

◼ **Limitar la cantidad de información que se puede extraer:** Se evita que los atacantes realicen consultas repetitivas para reconstruir datos individuales.

◼ **Implementar privacidad diferencial en bases de datos:** Empresas como Google y Apple usan esta técnica para recolectar estadísticas sin comprometer la privacidad de sus usuarios.

💡 Aplicaciones reales:

- Google utiliza privacidad diferencial en Chrome para recopilar datos sobre el uso del navegador sin rastrear a usuarios específicos.
- Apple usa esta técnica para analizar el uso de emojis en iPhones sin conocer quién envió cada uno.

📌 Federated Learning: Aprendizaje Distribuido y Seguro

🔍 ¿Qué es el aprendizaje federado?

El federated learning (aprendizaje federado) es un método que permite entrenar modelos de IA sin centralizar los datos en un solo servidor. En lugar de recopilar toda la información en un mismo lugar, el modelo se entrena directamente en los dispositivos de los usuarios y solo se comparten las mejoras del modelo, no los datos originales.

◆ Ejemplo sencillo:

Imagina que una empresa quiere mejorar la predicción de texto en teléfonos sin acceder a los mensajes de los usuarios. Con aprendizaje federado, cada teléfono entrena un modelo localmente y envía solo las actualizaciones necesarias al servidor, sin compartir los mensajes completos.

⚒ Beneficios del aprendizaje federado

■ Mayor privacidad: Los datos permanecen en los dispositivos de los usuarios.

■ Menor riesgo de filtración: No hay una única base de datos centralizada que pueda ser atacada.

■ Eficiencia en tiempo real: Los modelos pueden mejorar continuamente sin necesidad de transferir grandes volúmenes de datos.

♟ Aplicaciones reales:

- Google utiliza federated learning en Gboard, su teclado inteligente, para mejorar las predicciones sin recopilar lo que escriben los usuarios.
- Empresas de salud aplican este método para entrenar modelos con datos de hospitales sin compartir información médica sensible.

📌 Checklist de Seguridad en IA para Empresas

Para garantizar que un sistema de IA sea seguro y confiable, las empresas deben seguir una serie de buenas prácticas. A continuación, presentamos una lista de verificación con las medidas esenciales que toda organización debería implementar:

◆ Privacidad y Protección de Datos

- Aplicar privacidad diferencial en bases de datos sensibles.
- Usar anonimización de datos antes de entrenar modelos.

- Limitar la cantidad de datos almacenados y establecer políticas de eliminación automática.
- Implementar federated learning cuando sea posible para reducir la exposición de datos.

◆ Seguridad en los Modelos de IA
- Proteger los modelos contra ataques adversariales (manipulación de datos).
- Implementar técnicas de detección de anomalías para identificar posibles ataques.
- Aplicar técnicas de defensa contra robo de modelos (model stealing).
- Monitorizar continuamente el desempeño del modelo para detectar sesgos y errores.

◆ Transparencia y Ética
- Explicar cómo funcionan los modelos de IA y las decisiones que toman.
- Auditar los algoritmos regularmente para identificar posibles sesgos.
- Contar con un equipo de supervisión ética para evaluar riesgos.
- Seguir regulaciones de privacidad como GDPR (Europa) o CCPA (EE.UU.).

📌 **Reflexión Final**
La protección de los modelos de IA no es solo un desafío técnico, sino una responsabilidad ética y legal. Técnicas como la privacidad diferencial y el aprendizaje federado permiten desarrollar sistemas más seguros y respetuosos con la privacidad de los usuarios.
Además, seguir una checklist de seguridad ayuda a las empresas a minimizar riesgos y evitar problemas legales en el futuro.

📖 Parte 4: IA y su Impacto en el Empleo

La inteligencia artificial está transformando el mundo laboral a una velocidad sin precedentes. La automatización de tareas, el desarrollo de sistemas inteligentes y el uso de algoritmos avanzados han generado tanto oportunidades como preocupaciones en distintos sectores.

En esta sección, exploraremos si la IA realmente eliminará empleos, qué datos existen sobre su impacto en el mercado laboral y qué profesiones tienen mayor riesgo de ser reemplazadas.

◼ ¿La IA eliminará empleos?

El debate sobre si la IA destruirá más empleos de los que creará es complejo. Aunque la automatización ha reemplazado algunos puestos de trabajo, también ha generado nuevas oportunidades laborales.

◆ **Dos perspectivas principales sobre la IA y el empleo:**

◼ Optimistas: La IA creará más empleos de los que eliminará, permitiendo que los humanos se enfoquen en tareas más creativas y estratégicas.

◼ Pesimistas: Muchas profesiones desaparecerán sin que haya suficientes oportunidades para reubicar a los trabajadores afectados.

🔍 Datos sobre el impacto de la automatización en el empleo

Según un estudio del Foro Económico Mundial (WEF):

- La IA y la automatización podrían desplazar 85 millones de empleos para 2025.

- Sin embargo, se espera que surjan 97 millones de nuevos puestos de trabajo adaptados a la era digital.

Otras investigaciones indican que los países con una mayor adopción de IA han experimentado crecimiento económico y han creado nuevas oportunidades laborales, especialmente en sectores tecnológicos y creativos.

🏆 **Ejemplo real:** En el sector financiero, muchas tareas repetitivas, como la verificación de documentos, han sido automatizadas. Sin embargo, esto ha permitido que los empleados se enfoquen en la atención al cliente y el análisis estratégico.

📌 ¿Qué trabajos corren más riesgo?

No todas las profesiones se verán afectadas de la misma manera. Algunas tienen un alto riesgo de automatización, mientras que otras requerirán nuevas habilidades para adaptarse.

🔺 Trabajos con ALTO riesgo de automatización

Estos empleos involucran tareas repetitivas y predecibles, lo que facilita su reemplazo por IA o robots:

⬛ Trabajadores en fábricas y manufactura: Máquinas y robots industriales ya están reemplazando la mano de obra humana en líneas de ensamblaje.

⬛ Cajeros y atención al cliente en tiendas: Los sistemas de pago automático y los chatbots han reducido la necesidad de empleados físicos.

⬛ Conductores de taxis y camiones: La conducción autónoma podría transformar la industria del transporte en las próximas décadas.

⬛ Empleados administrativos y contables: Herramientas de automatización pueden procesar documentos, organizar datos y realizar cálculos sin intervención humana.

● **Trabajos con MEDIO riesgo de automatización**

Estas profesiones requieren habilidades humanas, pero algunas tareas pueden ser delegadas a la IA:

■ Médicos y radiólogos: La IA puede analizar imágenes médicas y detectar enfermedades con alta precisión, pero la toma de decisiones seguirá dependiendo de los médicos.

■ Abogados y analistas legales: Algoritmos pueden revisar contratos y detectar riesgos, pero el juicio humano sigue siendo clave.

■ Periodistas y creadores de contenido: La IA puede generar artículos básicos, pero la creatividad y el análisis profundo siguen siendo irremplazables.

● **Trabajos con BAJO riesgo de automatización**

Estos empleos dependen de la creatividad, la empatía y la toma de decisiones complejas:

■ Desarrolladores de software e ingenieros en IA: La creación y supervisión de sistemas de IA requerirá talento humano avanzado.

■ Profesionales en salud mental y trabajo social: La empatía y la interacción humana son esenciales en estos campos.

■ Científicos e investigadores: La IA puede ayudar con análisis de datos, pero la innovación y el pensamiento crítico seguirán siendo humanos.

■ Profesores y educadores: La enseñanza requiere adaptación, comunicación y comprensión emocional, algo difícil de replicar con IA.

📌 **Reflexión Final**

La IA no solo está eliminando empleos, sino que también está transformando la forma en que trabajamos. La clave para adaptarse a estos cambios es desarrollar habilidades complementarias a la IA, como la creatividad, el pensamiento crítico y la capacidad de trabajar con tecnología.

🚀 Cómo Prepararse para el Futuro Laboral con IA

A medida que la inteligencia artificial transforma el mercado laboral, la mejor estrategia no es resistirse al cambio, sino adaptarse y evolucionar. Tanto los trabajadores como las empresas deben desarrollar nuevas habilidades y estrategias para aprovechar las oportunidades que trae la IA.

⬤ Habilidades clave para trabajadores en la era de la IA

La IA automatiza tareas repetitivas, pero no puede reemplazar completamente las capacidades humanas como la creatividad, la empatía y la resolución de problemas complejos.

🫘 Habilidades técnicas esenciales

♟ Conocimientos básicos de IA y programación
- No es necesario ser un experto en machine learning, pero entender cómo funciona la IA será una ventaja.
- Aprender lenguajes como Python, SQL y conceptos básicos de análisis de datos puede ser muy útil.

♟ Alfabetización digital
- Saber utilizar herramientas tecnológicas y adaptarse a nuevas plataformas será clave.
- Dominar automatización de procesos, gestión de datos y ciberseguridad dará una ventaja competitiva.

♟ Pensamiento analítico y resolución de problemas
- A medida que las empresas usen más datos, la capacidad de interpretar información y tomar decisiones estratégicas será esencial.

🐝 Habilidades humanas y creativas

💡 Creatividad e innovación

- La IA puede procesar datos, pero no tiene la capacidad de generar ideas innovadoras como un ser humano.
- Profesionales con pensamiento original tendrán un papel clave en el futuro.

💡 Inteligencia emocional y comunicación

- Trabajar con personas seguirá siendo una de las habilidades más valoradas.
- La empatía, la negociación y el liderazgo serán esenciales para los puestos de alto nivel.

💡 Aprendizaje continuo y adaptabilidad

- La tecnología cambia rápidamente, por lo que la capacidad de aprender nuevas habilidades constantemente será determinante para el éxito.

💼 ¿Cómo deben adaptarse las empresas?

Las organizaciones que no adopten la IA corren el riesgo de quedarse atrás. Sin embargo, la transformación digital debe hacerse de manera responsable y estratégica.

📌 Pasos para integrar IA en una empresa de forma efectiva

◼ 1. Fomentar una cultura de innovación

- Capacitar a los empleados en nuevas tecnologías.
- Incentivar la creatividad y la experimentación con IA en diferentes áreas.

◼ 2. Reentrenar a los trabajadores en lugar de reemplazarlos

- En lugar de despedir personal, ofrecer programas de formación en habilidades digitales y de IA.
- Crear planes de transición para que los empleados puedan adaptarse a nuevas funciones.

■ 3. Implementar IA de manera ética y transparente
- Asegurar que los algoritmos sean justos y no discriminen.
- Explicar a los clientes y empleados cómo se utilizan los sistemas de IA dentro de la empresa.

■ 4. Usar la IA como herramienta de apoyo, no como reemplazo total
- La IA puede mejorar la eficiencia y automatizar tareas, pero las decisiones finales deben seguir en manos humanas.

■ 5. Adaptarse a las nuevas regulaciones
- Cumplir con normativas como GDPR, CCPA y futuras leyes sobre IA para evitar problemas legales.
- Priorizar la seguridad y privacidad de los datos en todos los procesos.

🏆 Casos de Éxito: Empresas que han Aplicado IA de Forma Responsable

📌 1. IA en la Salud: Diagnósticos Más Precisos con Apoyo Humano

🔋 Caso: Hospitales y Clínicas con IA para Diagnósticos Médicos

◆ ¿Qué hicieron?
- Algunos hospitales han implementado IA para analizar radiografías y detectar enfermedades como el cáncer con mayor precisión.
- En lugar de reemplazar a los médicos, la IA actúa como un asistente, ayudando a identificar posibles problemas más rápido.

◆ Resultado:
■ Diagnósticos más rápidos y precisos.

■ Los médicos pueden enfocarse en el tratamiento y en la relación con los pacientes.

■ Reducción de errores en la interpretación de imágenes médicas.

◆ Ejemplo real:

- Un estudio de Google Health mostró que su sistema de IA pudo detectar cáncer de mama con una tasa de precisión superior a la de radiólogos humanos en ciertos casos.

📌 2. IA en la Industria Financiera: Banca Inteligente sin Despidos Masivos

💡 Caso: Bancos que usan IA para mejorar la atención al cliente

◆ ¿Qué hicieron?

- Implementaron chatbots inteligentes para responder preguntas comunes de los clientes y ayudar en tareas como transferencias o consultas de saldo.
- Usaron IA para detectar fraudes y analizar riesgos de préstamos.

◆ Resultado:

■ Reducción en tiempos de espera y mejor servicio al cliente.

■ Los empleados pueden enfocarse en tareas más complejas y personalizadas.

■ Mayor seguridad y menos fraudes en transacciones bancarias.

◆ Ejemplo real:

- Varios bancos han reducido el fraude en tarjetas de crédito al usar IA que identifica transacciones sospechosas en milisegundos y alerta al usuario antes de que se complete la compra.

📌 3. IA en la Educación: Personalización del Aprendizaje

♟ Caso: Plataformas de educación en línea con IA

◆ ¿Qué hicieron?

- Usaron IA para personalizar cursos y materiales según el ritmo de aprendizaje de cada estudiante.
- Crearon tutores virtuales que ayudan a los alumnos a resolver dudas en tiempo real.

◆ Resultado:

■ Estudiantes con dificultades reciben más apoyo personalizado.

■ Profesores pueden enfocarse en metodologías innovadoras en lugar de tareas repetitivas.

■ Mayor tasa de finalización de cursos en plataformas de aprendizaje en línea.

◆ Ejemplo real:

- Plataformas como Coursera y Duolingo utilizan IA para ajustar el contenido a las necesidades de cada usuario, haciendo el aprendizaje más efectivo.

📌 4. IA en la Manufactura: Robots Trabajando Junto a Humanos

♟ Caso: Fábricas inteligentes que combinan IA con trabajadores humanos

◆ ¿Qué hicieron?

- Usaron robots colaborativos (cobots) que trabajan con humanos para ensamblar productos con mayor eficiencia.
- Implementaron IA para predecir fallos en maquinaria antes de que ocurran problemas.

◆ Resultado:

■ Mayor productividad sin necesidad de despidos masivos.

■ Reducción de accidentes laborales al asignar tareas peligrosas a los robots.

■ Ahorro en costos de mantenimiento gracias a la detección temprana de fallos.

◆ Ejemplo real:

- En la industria automotriz, empresas han combinado IA y humanos para aumentar la producción sin eliminar puestos de trabajo.

📌 **Conclusión: ¿Qué Aprendemos de Estos Casos?**

◆ La IA no tiene que reemplazar empleos, sino hacerlos más eficientes.

◆ Las empresas que combinan IA + talento humano logran los mejores resultados.

◆ Adaptarse a la IA no significa perder trabajos, sino transformarlos en oportunidades más innovadoras.

💣 El futuro no es la IA sola, sino la IA trabajando con humanos. 🚀

Parte 5: Políticas de IA Responsable en Empresas

💡 ¿Por qué es Necesario un Código de Ética para la IA?

Las empresas que implementan inteligencia artificial deben asegurarse de que sus sistemas sean justos, transparentes y seguros. Un código de ética para IA establece principios y normas que guían el desarrollo y uso de la tecnología, reduciendo riesgos y aumentando la confianza de clientes y empleados.

🔍 **Beneficios de un Código de Ética en IA**

⬛ Previene discriminación y sesgos en los modelos.

⬛ Asegura que la IA se use de manera transparente y explicable.

⬛ Protege la privacidad y seguridad de los datos.

⬛ Mejora la confianza del público y regula el impacto de la IA en la sociedad.

📋 **¿Cómo Escribir un Código de Ética para IA?**

Un código de ética en IA debe incluir principios fundamentales que orienten su uso en la empresa. Aquí te mostramos un esquema con los puntos esenciales:

📌 1. Declaración de Principios

Explica el propósito del código y el compromiso de la empresa con una IA ética.

- Ejemplo:

"En nuestra empresa, nos comprometemos a desarrollar inteligencia artificial de manera responsable, asegurando que nuestras soluciones sean justas, transparentes y seguras para todos los usuarios."

📌 2. Transparencia y Explicabilidad
Los sistemas de IA deben ser comprensibles y auditables por humanos.
- Ejemplo:

"Nuestra IA debe proporcionar explicaciones claras sobre sus decisiones, y nuestros clientes tienen derecho a entender cómo se generan los resultados."

📌 3. Justicia y No Discriminación
Se debe evitar sesgos y garantizar un trato equitativo para todos los usuarios.
- Ejemplo:

"Antes de implementar cualquier modelo de IA, realizaremos auditorías para detectar posibles sesgos y corregirlos de manera proactiva."

📌 4. Protección de la Privacidad
Se deben cumplir regulaciones como el GDPR o la CCPA para proteger la información de los usuarios.
- Ejemplo:

"No utilizaremos datos personales sin consentimiento explícito y aplicaremos técnicas como differential privacy para anonimizar la información."

📌 5. Responsabilidad y Supervisión Humana
Siempre debe haber supervisión humana sobre los modelos de IA, especialmente en decisiones críticas.
- Ejemplo:

"Toda IA implementada en nuestra empresa tendrá responsables humanos que supervisen su funcionamiento y puedan intervenir en caso de errores o riesgos éticos."

📕 Ejemplo de Código de Ética para IA en Empresas

Aquí te presentamos un ejemplo de código de ética que una empresa puede utilizar como referencia:

📕 Código de Ética para el Uso Responsable de la Inteligencia Artificial

📌 1. Introducción

Este código establece los principios fundamentales que rigen el desarrollo y uso de la inteligencia artificial en nuestra empresa. Buscamos garantizar un impacto positivo en la sociedad y evitar riesgos asociados al uso irresponsable de la IA.

📌 2. Principios Fundamentales

- ⚖️ Transparencia: La IA debe ser comprensible para los usuarios.
- ⚫ Equidad: Evitaremos cualquier tipo de discriminación en nuestros modelos.
- 🔒 Privacidad: Protegeremos los datos personales de nuestros clientes.
- 👤 Responsabilidad: Siempre habrá supervisión humana en el uso de IA.
- 🛡️ Seguridad: Implementaremos medidas para evitar usos maliciosos de la IA.

📌 3. Implementación y Cumplimiento

✔️ Todos los equipos que desarrollen IA deben seguir este código.

✔️ Se realizarán auditorías periódicas para evaluar el cumplimiento.

✔️ Cualquier problema ético será revisado por un comité especializado.

📌 4. Revisión y Actualización

Este código será revisado cada 6 meses para adaptarse a nuevas regulaciones y avances en IA.

■ Herramientas para Evaluar Riesgos Éticos en IA

💡 ¿Por qué Evaluar Riesgos Éticos en IA?

La IA puede generar decisiones con impactos significativos en la sociedad, por lo que es esencial evaluar los riesgos éticos antes de implementarla. Para ello, existen frameworks y metodologías que permiten identificar y mitigar problemas sin frenar la innovación.

🛠 Frameworks y Metodologías Recomendadas

Existen diversas herramientas y metodologías diseñadas para evaluar los riesgos éticos en IA. A continuación, te presentamos las más relevantes:

📌 1. AI Ethics Impact Assessment (AIEIA)

💡 ¿Qué es? Un marco de evaluación de riesgos éticos para IA basado en el análisis de impacto.

💡 ¿Cómo funciona? Se analizan diferentes dimensiones del impacto de la IA, incluyendo privacidad, equidad, transparencia y responsabilidad.

💡 Ejemplo de uso: Antes de lanzar un chatbot para atención al cliente, se evalúa si el sistema puede responder de manera discriminatoria o sesgada.

📌 2. Framework de Ética en IA de la UE

💡 ¿Qué es? Un conjunto de directrices desarrolladas por la Unión Europea para garantizar una IA confiable.

💡 ¿Cómo funciona? Se basa en 7 principios clave, como agencia humana, gobernanza, equidad y transparencia.

💡 Ejemplo de uso: Empresas en Europa lo utilizan para asegurarse de que sus sistemas de IA cumplen con regulaciones como el GDPR.

📌 3. IEEE Ethically Aligned Design
🔰 ¿Qué es? Un conjunto de estándares internacionales para diseñar IA ética.
🔰 ¿Cómo funciona? Proporciona guías para que los desarrolladores incorporen valores humanos en sus sistemas de IA.
🔰 Ejemplo de uso: Empresas tecnológicas lo implementan en la fase de diseño de sus productos para alinear la IA con principios éticos.

📌 4. AI Fairness 360 (IBM)
🔰 ¿Qué es? Una herramienta de código abierto de IBM que ayuda a detectar y mitigar sesgos en IA.
🔰 ¿Cómo funciona? Evalúa la equidad de los modelos de IA y propone estrategias de mitigación de sesgos.
🔰 Ejemplo de uso: Un banco la usa para asegurarse de que su sistema de aprobación de créditos no discrimine a ciertos grupos.

📌 5. Google PAIR (People + AI Research)
🔰 ¿Qué es? Un framework para diseñar IA centrada en el usuario.
🔰 ¿Cómo funciona? Se basa en principios de usabilidad, interpretabilidad y accesibilidad en IA.
🔰 Ejemplo de uso: Empresas de tecnología lo usan para hacer modelos de IA más comprensibles para los usuarios finales.

🚀 ¿Cómo Aplicar Estas Herramientas Sin Frenar la Innovación?

Uno de los mayores temores en la regulación ética de la IA es que pueda frenar el desarrollo tecnológico. Sin embargo, si se aplican correctamente, estos frameworks pueden acelerar la innovación al generar modelos más confiables y efectivos.

Aquí te dejamos estrategias clave para implementar evaluación ética sin perder agilidad en el desarrollo:

✔️ Integrar la ética desde el diseño: No esperar hasta el final para evaluar riesgos, sino hacerlo en cada fase del desarrollo.

✔️ Automatizar auditorías de sesgo: Usar herramientas como AI Fairness 360 o Fairlearn para analizar modelos de IA sin ralentizar procesos.

✔️ Adoptar regulaciones flexibles: Aplicar marcos como el de la UE, que permiten ajustes según la naturaleza del proyecto.

✔️ Equilibrar innovación y ética: Crear equipos multidisciplinarios donde participen desarrolladores, expertos en ética y reguladores.

✔️ Realizar pruebas de impacto: Implementar evaluaciones piloto antes de lanzar modelos a gran escala.

📌 Conclusión

⬛ Existen diversas herramientas para evaluar riesgos éticos en IA, desde marcos regulatorios hasta herramientas prácticas como AI Fairness 360.

⬛ Evaluar la ética de la IA no significa frenar la innovación, sino hacerla más confiable y efectiva.

⬛ Aplicar estos frameworks desde las primeras etapas del desarrollo permite prevenir problemas y mejorar la aceptación de la IA en la sociedad.

📕 Extras: Recursos Descargables y Casos Reales

Para facilitar la implementación de IA ética y responsable, te proporcionamos una serie de recursos prácticos y casos reales. Estos te ayudarán a poner en acción los conceptos aprendidos en el libro.

■ 1. Código en Python para Auditar Sesgos en Modelos

Este código te permitirá analizar si un modelo de IA presenta sesgos en la toma de decisiones.

📌 Objetivo:

Evaluar si un modelo de clasificación es imparcial en la toma de decisiones.

Comparar tasas de aprobación entre distintos grupos para detectar sesgos.

```python
import pandas as pd
import numpy as np
from sklearn.model_selection import train_test_split
from sklearn.ensemble import RandomForestClassifier
from fairlearn.metrics import MetricFrame
from fairlearn.metrics import selection_rate
import matplotlib.pyplot as plt

# 📌 Creamos un dataset ficticio
data = pd.DataFrame({
    'ingresos': np.random.randint(20000, 100000, 1000),
    'puntaje_crediticio': np.random.randint(300, 850, 1000),
    'genero': np.random.choice([0, 1], size=1000),
    # 0 = Mujer, 1 = Hombre
    'aprobado': np.random.choice([0, 1], size=1000)
    # 1 = Aprobado, 0 = Rechazado
})
```

```python
# 📌 Separar características y etiquetas
X = data[['ingresos', 'puntaje_crediticio', 'genero']]
y = data['aprobado']

# 📌 Dividir en entrenamiento y prueba
X_train, X_test, y_train, y_test = train_test_split(
    X, y, test_size=0.2, random_state=42
)

# 📌 Entrenar el modelo
model = RandomForestClassifier()
model.fit(X_train, y_train)

# 📌 Realizar predicciones
y_pred = model.predict(X_test)

# 📌 Evaluamos la tasa de aprobación por género
metric_frame = MetricFrame(
    metrics=selection_rate,
    y_true=y_test,
    y_pred=y_pred,
    sensitive_features=X_test['genero']
)

# 📌 Mostramos los resultados
print(metric_frame.by_group)

# 📌 Visualizamos los datos
metric_frame.by_group.plot(
    kind="bar", color=['blue', 'orange']
)
plt.title("Tasa de Aprobación por Género")
plt.xlabel("Género (0 = Mujer, 1 = Hombre)")
plt.ylabel("Porcentaje de Préstamos Aprobados")
plt.show()
```

■ ¿Qué obtenemos con este código?

◆ Si observamos diferencias significativas en la tasa de aprobación entre hombres y mujeres, el modelo presenta sesgo y necesita corrección.

◆ Herramientas como Fairlearn nos permiten identificar y mitigar estos sesgos en modelos de IA.

2. Plantilla de Política de IA Responsable para Empresas

Una Política de IA Responsable es esencial para que las empresas definan principios claros en el desarrollo y uso de IA.

📌 **Ejemplo de Plantilla**

📋 Nombre del Documento: Política de Inteligencia Artificial Responsable

🗓 Fecha de Emisión: [Fecha]

💼 Empresa: [Nombre de la Empresa]

📌 Responsable: [Departamento o persona encargada]

⬛ Principios Generales

◆ Transparencia: Explicamos cómo funciona nuestra IA y cómo toma decisiones.

◆ Equidad: Nos aseguramos de que nuestra IA no discrimina a ningún grupo.

◆ Privacidad: Protegemos los datos personales y cumplimos con normativas como GDPR.

◆ Seguridad: Implementamos medidas para evitar ataques o usos indebidos de nuestra IA.

◆ Supervisión Humana: Nuestros modelos son auditados regularmente por expertos.

⬛ Aplicación de la Política

✔ Todos los proyectos de IA deben pasar por una evaluación ética previa.

✔ Se debe realizar un análisis de sesgos antes de desplegar cualquier modelo.

✔ Implementamos mecanismos de rendición de cuentas para garantizar un uso adecuado de la IA.

📌 **¿Cómo usar esta plantilla?**

Personalízala según las necesidades de tu empresa.

Capacita a tu equipo sobre los principios de IA ética.

Actualízala conforme evolucionen las regulaciones en IA.

■ 3. Checklist para Evaluar Riesgos Éticos en Proyectos de IA

Esta lista de verificación te ayudará a asegurarte de que tu IA cumple con criterios éticos y de seguridad antes de su implementación.

📌 Checklist de IA Ética

■ 1. Transparencia

■ ¿El modelo puede ser explicado de manera comprensible?

■ ¿Los usuarios saben cómo y por qué la IA toma decisiones?

■ 2. Equidad y No Discriminación

■ ¿Se ha auditado el modelo en busca de sesgos?

■ ¿Los datos de entrenamiento son representativos y diversos?

■ ¿Se han implementado estrategias para mitigar posibles sesgos?

■ 3. Privacidad y Protección de Datos

■ ¿El modelo respeta normativas como GDPR o CCPA?

■ ¿Se han eliminado datos personales innecesarios?

■ ¿Existen mecanismos de anonimización y encriptación?

■ 4. Seguridad y Prevención de Abusos

■ ¿El modelo puede ser manipulado para usos malintencionados?

■ ¿Se han evaluado posibles vulnerabilidades de ciberseguridad?

■ 5. Supervisión y Control Humano

■ ¿Existe una persona responsable de monitorear la IA?

■ ¿Se han definido protocolos en caso de fallos o errores graves?

■ 6. Impacto Social y Económico

■ ¿Cómo afecta este modelo a los trabajadores y a la sociedad?

■ ¿Podría este modelo generar desigualdades o exclusión de ciertos grupos?

📌 ¿Cómo usar esta checklist?

✔ Revísala antes de lanzar cualquier proyecto de IA.

✔ Usa herramientas como Fairlearn o AI Fairness 360 para evaluar sesgos.

✔ Involucra a expertos en ética y reguladores para validar la IA.

📌 Conclusión

⬛ Con estos recursos, puedes poner en práctica los conceptos de IA ética abordados en el libro.

⬛ El código en Python te permite auditar modelos y detectar sesgos fácilmente.

⬛ La plantilla de Política de IA Responsable te ayudará a establecer normas claras en tu empresa.

⬛ La checklist facilita la evaluación ética antes de implementar cualquier sistema de IA.

📌 Sigamos construyendo una Inteligencia Artificial más ética y responsable. 🚀

Habilidades Adquiridas

A lo largo de este libro, hemos explorado los principios fundamentales de la IA ética y responsable, entendiendo los desafíos y soluciones para su implementación en el mundo real. Ahora cuentas con habilidades clave, entre ellas:

■ Comprender los principios de la IA ética: Transparencia, equidad, privacidad, responsabilidad y seguridad.

■ Detectar y mitigar sesgos en modelos de IA, utilizando herramientas como Fairlearn y AI Fairness 360.

■ Aplicar regulaciones y normativas como GDPR, CCPA y otras legislaciones emergentes.

■ Proteger la privacidad y seguridad de los modelos de IA, evitando ataques y manipulaciones malintencionadas.

■ Evaluar riesgos éticos en proyectos de IA, utilizando un checklist estructurado.

■ Implementar IA responsable en empresas, con políticas claras y estrategias de control.

📌 Ahora estás preparado para aplicar estos conocimientos en proyectos reales y contribuir al desarrollo de una IA más justa y confiable. 🚀

📚 Más Libros sobre Inteligencia Artificial

Si quieres seguir aprendiendo sobre IA, te recomendamos nuestros otros libros:

📖 Inteligencia Artificial: Nivel Básico
   Introducción a la IA desde cero,
ideal para principiantes.

📖 Inteligencia Artificial: Nivel Intermedio
   Algoritmos más avanzados y aplicación en distintos sectores.

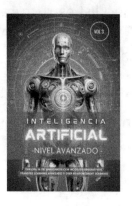

📖 Inteligencia Artificial: Nivel Avanzado
   Redes neuronales profundas,
NLP, visión por computadora y más.

📖 Python para IA
   Todo lo que necesitas saber sobre Python aplicado a la Inteligencia Artificial.

📌 Búscanos en Amazon: IA LEARNING PRESS

★ ¡Tu Opinión es Importante!

Si este libro te ha sido útil, te agradeceríamos mucho que dejaras una reseña. Tu opinión nos ayuda a seguir creando contenido de calidad y a mejorar cada edición.

◼ ¿Qué te ha parecido este libro?
◼ ¿Qué fue lo que más te gustó?
◼ ¿En qué podríamos mejorar?

📌 Deja tu reseña en nuestra web o en la plataforma donde adquiriste el libro. ¡Gracias por tu apoyo! 🙌

www.ingramcontent.com/pod-product-compliance
Lightning Source LLC
LaVergne TN
LVHW051749050326
832903LV00029B/2815